LES RENCONTRES DE LA LAÏCITÉ

LAÏCITÉ ET RELIGION DANS LA FRANCE D'AUJOURD'HUI

Ce texte est issu des Rencontres de la laïcité, organisé par le Conseil départemental de la Haute-Garonne en partenariat avec la librairie *Ombres Blanches* (Toulouse), en novembre 2015.

10, rue des Arts - BP 38028
31080 Toulouse Cedex 6
ISBN : 978-2-7089-5641-4
Dépôt légal : avril 2016

ABDENNOUR
BIDAR

LES RENCONTRES DE LA LAÏCITÉ

LAÏCITÉ ET RELIGION DANS LA FRANCE D'AUJOURD'HUI

ÉDITIONS
Privat

Sommaire

Un combat pour la laïcité et la République

Le Conseil départemental de la Haute-Garonne affirme son engagement pour la promotion des principes, valeurs et vertus républicaines. La république une et indivisible, bien que diverse, est à la fois démocratique, laïque et sociale. Jean Jaurès y ajoutait « avec raison universaliste ».

Depuis une vingtaine d'années, le Conseil départemental organise un colloque annuel : « Laïcité et république ». Cette année, nous voulions donner une autre dimension à ce colloque des « Rencontres de la laïcité » : celle d'une invitation à l'échange, au débat, au questionnement. Se rencontrer pour se comprendre, se rencontrer pour partager et aller plus loin dans l'entendement de nos idéaux communs, et enfin, se rencontrer pour les défendre : là est l'essentiel.

Ces rencontres sont également diffusées sur Internet parce que la force de nos idées doit rayonner au-delà d'une salle, parce qu'il est de notre devoir, de notre responsabilité, de permettre à chacun d'avoir accès à nos échanges, où qu'il soit dans le département. La laïcité n'est pas en danger quand on en parle, quand on la défend, quand on la promeut. Elle est attaquée par les *oukazes* des communautaristes, par les outrances des populistes xénophobes, mais aussi par les silences des hommes qui pensent qu'elle est acquise. En effet, la laïcité demeure un éternel combat.

En 2016, nous irons plus loin en organisant dès la rentrée scolaire prochaine un parcours laïque et citoyen, pour les collégiens de la Haute-Garonne, qui permettra de mieux faire comprendre la république aux jeunes générations. Nous développerons dans les quartiers de Toulouse des conférences présentant des penseurs qui ont ouvert des chemins de liberté, de tolérance, de concorde. Nous continuerons d'aider le mouvement associatif laïc dans le département, malgré les difficultés budgétaires que nous connaissons.

En décembre prochain, le Conseil départemental se lancera dans la construction sur les 5 prochaines années de pas moins de 5 nouveaux collèges publics dans le département. Il poursuivra aussi, bien sûr, l'entretien des 96 collèges actuels. Il actera la poursuite hors compétence de l'aide aux communes et aux intercommunalités pour la construction et l'entretien des écoles maternelles et élémentaires. Le Conseil départemental actera également le maintien de la gratuité des transports scolaires et l'aide financière à la restauration des collégiens pour les familles nécessiteuses.

En effet, la laïcité est une singularité française et un bouclier contre les outrances des hommes de certitude qui ne désirent que soumettre, conformer ou éradiquer. Alors que nous traversons une période trouble, certains voudraient que le repli identitaire devienne la norme et proposent une stratégie populiste et xénophobe. Nous ferons face ensemble à ces porteurs de malheur.

Je ne surprendrai personne en affirmant que la laïcité n'a pas de définition formelle et définitive. Je me hasarderai rapidement à vous proposer, non une définition, mais trois caractéristiques de la laïcité afin de poser les principes laïcs défendus par le groupe majoritaire du Conseil départemental.

La laïcité, pour nous, associe la foi à un état d'esprit, une éthique de vie, un principe d'organisation du vivre ensemble. C'est d'abord un état d'esprit fondé sur la capacité des hommes de penser par eux-mêmes et de s'émanciper par l'accès à la connaissance. C'est aussi une propension à penser par soi-même fondée sur la raison, véritable sésame vers une liberté ouverte à tous les possibles, dans une approche multiple, hors des carcans et des geôles de l'esprit, où l'être humain dégage sa pensée du dogmatisme, de la soumission à une quelconque autorité ou vérité définitive, voire révélée. Penser par soi-même n'est pas un acquis spontané mais le résultat d'un effort éducatif créant un état d'esprit de liberté et d'émancipation fondé sur le dépassement et l'accomplissement.

L'effort éducatif est le premier engagement pour affirmer et faire vivre la laïcité. Ainsi, l'école de la République est la priorité des priorités pour le groupe majoritaire du Conseil départemental présidé par Sébastien Vincini. Toutefois, la laïcité est aussi une éthique de vie fondant les relations humaines sur le respect mutuel, la compréhension réciproque, l'échange et le partage. Une éthique de vie laïque se fonde sur l'ouverture à l'autre dans l'égalité, la tolérance et l'universalité.

Alors, à l'heure où les forces politiques extrémistes se servent de la laïcité comme d'une arme afin d'exacerber le nationalisme, rejeter autrui ou le stigmatiser, il faut rappeler que l'éthique laïque ouvre une porte vers l'autre. Dans une volonté d'enrichissement, d'accomplissement et d'éveil réciproque proche du « Si tu diffères de moi, mon frère, loin de me léser, tu m'enrichis » de Saint-Exupery, elle ouvre une porte vers ce frère humain, cet *alter ego* à la fois unique et universel, à la fois différent et semblable. La laïcité reconnaît la singularité individuelle et non les différences communautaires. Elle organise la coexistence des singularités, fondée sur la responsabilité et la compréhension mutuelle.

Enfin, elle permet une organisation du vivre ensemble fondée sur la fraternité, en individualisant deux espaces : l'espace privé et l'espace public. L'espace privé, personnel et intime, est l'espace de liberté absolue de conscience, l'espace des convictions et des fois – voire des certitudes –, véritable jardin du soi qui ne peut déborder de façon outrancière dans l'espace public, collectif, citoyen et social. L'engagement laïque bannit tout prosélytisme afin d'assurer la pacification de l'espace public. Il permet au citoyen de paraître et s'exprimer sans agresser ni blesser l'autre, il favorise ainsi l'échange, la compréhension réciproque et la concorde. La laïcité est le pari de l'intelligence. Le consensus des attitudes responsables s'établit dans un équilibre subtil, dans l'expression de son autonomie individuelle, de sa singularité n'agressant pas autrui et permettant le partage.

Ainsi, la laïcité se fonde dans l'union de la liberté, l'égalité et la fraternité. Liberté de penser par soi-même dans l'enrichissement par l'éducation et la culture, égalité dans la rencontre et le partage, fraternité au sein de l'espace citoyen dans le respect et la tolérance réciproques. La laïcité, comme le pensait Jean Jaurès, n'est ni une arme antireligieuse ni un principe de neutralité précautionneuse, elle va bien au-delà dans la rencontre et le partage, elle fonde la république. Deux cent vingt-cinq ans après la Révolution française, préserver la laïcité et la république demeure un perpétuel combat, surtout face aux dérives identitaires communautaristes et aux assauts populistes xénophobes auxquels nous assistons.

Je vous invite au combat pour la laïcité et la République dans ces temps difficiles.

Georges Méric
Président du Conseil départemental
de Haute-Garonne

Laïcité et religion dans la France d'aujourd'hui

Dans un premier temps, je vais tenter de développer ce que l'on pourrait appeler une conception raisonnée ou équilibrée de la laïcité. Pourquoi ? Parce qu'aujourd'hui, ce qui sature nos espaces médiatiques et agite nos esprits, c'est le règne, hélas presque sans partage, de conceptions de la laïcité qui ne sont ni équilibrées, ni raisonnées, ni mesurées.

Je pense notamment à deux conceptions de la laïcité diamétralement opposées qui la dévoient, la faussent et l'instrumentalisent tout à la fois.

J'essaierai de me tenir loin de ces deux extrêmes, comme je le fais dans tous mes engagements et écrits, sur cette question et toutes celles qui lui sont liées.

La première conception de la laïcité, selon moi extrême et dévoyée, signifierait et exigerait l'expulsion de toute expression religieuse hors des espaces sociaux. La laïcité correspondrait à l'éradication du religieux au sein des espaces publics, c'est-à-dire sa relégation dans la sphère privée. Il y a là, me semble-t-il, une première conception radicale de la laïcité qui, aujourd'hui, se nourrit beaucoup de cette agressivité tournée vers la religion en général, et l'islam en particulier : la xénophobie.

Cette xénophobie identitaire voudrait utiliser le principe de laïcité pour refuser que parmi nos concitoyens, il y ait aujourd'hui des musulmans et que, dans une certaine mesure, le fait d'étudier ensemble, de décider ensemble en recourant au dialogue, au compromis et à l'effort de compréhension mutuel, permette à ces musulmans et à l'islam d'avoir, au sens littéral du terme, « droit de cité ». C'est-à-dire le droit d'exister dans la cité avec les autres et au milieu des autres. À mon avis, la laïcité n'est pas incompatible avec un certain droit de cité pour les religions en général, dont l'islam. Toute la difficulté réside dans le fait de déterminer ensemble, pour chaque espace social, ce que l'on entend par « dans une certaine mesure ». Jusqu'à quel point peut-on accepter que le religieux se manifeste dans l'espace public ? Et ce, afin que chacun puisse jouir de l'égalité républicaine, sans discrimination ni favoritisme, sans que l'expression de la différence ne porte atteinte au projet de vivre ensemble selon les mêmes règles, lois, et valeurs partagées ? Voilà l'enjeu : concilier affirmation des identités et culture du commun, coexistence et interaction entre toutes les identités.

La deuxième conception extrême du principe de laïcité est l'exact inverse de la première. Selon elle, laïcité signifierait « neutralité », point barre. On mettrait un signe « égal » entre les mots laïcité et neutralité. Depuis la loi de séparation du 9 décembre 1905, l'État laïque, ne reconnaissant, ne salariant ni ne subventionnant aucun culte, n'aurait donc plus son mot à dire dès lors que les religions entendraient se manifester dans l'espace public.

Pourquoi est-ce une conception extrême ? Et tout aussi fausse que la précédente – fausse conceptuellement et fausse historiquement ? Parce que c'est une conception qui signifierait que l'État n'a aucune valeur à défendre.

Si l'État s'abstenait complètement, si laïcité rimait avec neutralité pure et simple, si elle n'était qu'indifférence vis-à-vis de l'expression du religieux, alors pourraient se déployer dans l'espace public des manifestations religieuses radicales en contradiction avec les valeurs de la République : *Liberté, Égalité, Fraternité*. Ces valeurs sont adossées à celles des Droits de l'homme, de la Déclaration des droits de l'homme et du citoyen de 1789 et de la Déclaration universelle des droits de l'homme de 1948. Autrement dit, l'État laïque n'est pas neutre, mais impartial : il est le défenseur impartial, c'est-à-dire juste, des valeurs républicaines et humanistes des Lumières. Il est au service de la liberté, de l'égalité, de la fraternité, de la mixité, de l'égalité des sexes, de la solidarité sociale, de la démocratie, de l'indivisibilité des droits et des devoirs du peuple français. Ce peuple formé par la communauté de valeurs, et non par le sang. L'État laïque ne fait pas de différence entre ses citoyens. Peu lui importe que vous soyez croyant, agnostique ou athée, « que vous croyiez au ciel ou que vous n'y croyiez pas », pour reprendre la fameuse formule d'Aragon dans son poème : *La Rose et le Réséda.*

Le principe de laïcité vous garantit que quelles que soient vos convictions existentielles (croyance, agnosticisme, athéisme), vous ne bénéficierez d'aucun privilège ni ne souffrirez d'aucune discrimination. L'État est le garant de cette égalité, y compris vis-à-vis du religieux. Il ne suffit donc pas de dire : « C'est ma liberté religieuse » pour avoir le droit, dans cet État laïque, d'afficher n'importe comment son appartenance religieuse, de dire ou de faire n'importe quoi au nom de cette affirmation religieuse. En effet, l'État laïque n'est pas un État qui s'abstient, qui ne dit rien en matière de valeurs. C'est au contraire, et c'est sa première fonction régalienne, un État qui a pour mission de promouvoir, d'assurer la garantie de ses valeurs fondatrices. Elles sont fondatrices parce qu'elles sont l'objet même de notre contrat social, de ce qui fait de nous un peuple, au sens français du terme. Ce n'est pas une question de race, contrairement à ce qu'a récemment affirmé Nadine Morano. Nous ne sommes pas un peuple de sang mais un peuple de conviction. Les convictions que nous partageons sur ce territoire font de nous des Français. Encore une fois, pour les raisons déjà exprimées, j'essaierai de me tenir au plus loin de ces extrémités.

Si j'explicite tout cela en préambule, c'est parce que nous avons besoin de cultiver à nouveau notre compréhension collective de la laïcité, et qu'à son sujet, nous souffrons aujourd'hui de beaucoup d'implicite. Or comme le disait Talleyrand, « Si cela va sans dire, cela ira encore mieux en le disant » (Congrès de Vienne, 1814). En effet, nous devons commencer à discuter et à poser certaines notions au sujet de la laïcité. Nous ne pouvons pas faire comme si elles coulaient de source. En l'occurrence, disons-le et redisons-le, ce n'est plus le cas : nous avons perdu cette intelligibilité de la laïcité. Nous avons besoin d'une conception claire de la laïcité, qui soit partagée par tous et nous permette de nous rassembler à nouveau autour d'elle. Retrouver cela est nécessaire et urgent, il en va de la concorde sociale.

L'urgence concerne aussi la clarification de ce malentendu : la laïcité n'est pas l'ennemie de la religion. C'est à la fois l'énoncé d'un principe et l'énoncé d'un mot d'ordre. La laïcité est, comme je l'ai dit, cette impartialité de l'État qui fait que tout citoyen a un ensemble de droits et de devoirs, y compris concernant l'expression de ses convictions existentielles. Elle n'est donc pas l'ennemie de la conviction religieuse. Elle ne l'est pas selon son principe et nous devons veiller à ce qu'elle ne le devienne pas dans son application. Dès que nous sentons l'expression d'une laïcité de combat vis-à-vis de la religion dans son ensemble, et non pas vis-à-vis de la radicalité, de l'intégrisme et du fanatisme, un signal d'alarme doit retentir dans nos esprits. Un travail très conséquent, à la fois intellectuel et social, est nécessaire au recul progressif de ce préjugé si dévastateur.

Selon ce préjugé, on va même jusqu'à dire que la laïcité a récemment été inventée pour éradiquer l'islam. Je suis moi-même de culture musulmane, et tous les jours, des personnes de même confession me disent : « Arrêtez de nous parler de la laïcité, la laïcité a été faite pour discriminer l'islam. » Mais comment en est-on arrivé là ? Comment a-t-on laissé le débat public, et au-delà, la culture commune de l'une de nos valeurs fondatrices, dégénérer au point qu'on en arrive à confondre laïcité et discrimination ? Pour combattre cela, nous devons nous mobiliser et travailler collectivement, répéter et expliquer que la laïcité n'est pas l'ennemie de la religion. Et je vais d'ailleurs commencer par l'exprimer d'une façon positive, non plus en disant ce qu'elle n'est pas, mais bien ce qu'elle est. Elle permet de dire ceci : on peut être croyant et vivre dans un État laïque. À notre grand désarroi, force est de constater que cette lapalissade n'en est plus une, et répéter ce genre d'évidence devient indispensable.

Il n'y a aucune contradiction dans le fait d'avoir la foi, de l'exprimer, et de vivre dans un État laïque. Pourquoi ? Parce que la laïcité a justement été institutionnalisée dans le but de garantir l'égalité de droit, de conviction – quelle qu'elle soit –, et d'expression dans nos espaces sociaux. L'on peut mesurer, encore une fois, les ravages causés par ce qu'il faudrait appeler l'intoxication, la désinformation résultant du travail de lobbies de toutes sortes, insinuant progressivement dans les esprits l'idée qu'il y aurait un choix à faire : être laïc ou être croyant, être laïc ou être musulman.

Je précise souvent « musulman » car je ne parle pas seulement de la religion en général, et je préfère anticiper les objections prévisibles à ce sujet. Pourquoi cette fixation sur l'islam ?

Pourquoi parle-t-on systématiquement de laïcité quand on parle de l'islam ? Ce n'est pas une fixation. L'islam est le dernier arrivé dans le grand jeu français. L'islam est cette religion qui, aujourd'hui, demande à être compatible avec nos principes. En France, ce travail a été fait avec la religion juive et le christianisme en général : le catholicisme, le protestantisme et un peu l'orthodoxie. Autrement dit, nous avons traversé des décennies de heurts. Notre pays a notamment connu ce qu'on a appelé la guerre des deux France, entre une France républicaine et une France catholique. Judaïsme et christianisme ont fait un long travail de conciliation avec la laïcité, et la modernité en général. Cette démarche, loin d'être simple, n'a pas été suivie par tous ; certains courants conservateurs refusent encore d'entrer dans une logique de dialogue et d'adaptation. Mais globalement, et de façon progressive, des compromis ont été trouvés. C'est pour cela que je dis aujourd'hui : bienvenue à l'islam ! Bienvenue dans la mêlée française, bienvenue dans une société où la religion n'a pas tous les droits, où elle doit se concilier avec un univers de valeurs et de principes fixés par les hommes et non par les dieux. On appelle cela la démocratie. Bienvenue dans cette société qui ambitionne de faire mieux que simplement nous laisser coexister avec nos différences. Cette ambition, les sociétés multiculturalistes nous la reprochent autant qu'elles nous l'envient.

En France, nous ne voulons pas nous contenter d'un multiculturalisme qui fait que chaque communauté vit de son côté, juxtaposée aux autres selon une logique de simple coexistence pacifique. Notre ambition sociale et humaniste est plus grande : nous voulons que les gens vivent ensemble, se mélangent, et que les identités religieuses acceptent de s'adapter davantage. Les Français veulent l'interaction, c'est-à-dire – même si la formule est un peu usée aujourd'hui – le « vivre ensemble ». Nous voulons vivre ensemble, avec nos différences et au-delà de ces différences. Comme si, avec l'appui d'une sorte de juge de paix, on pouvait non seulement se côtoyer dans l'espace social mais aussi se comprendre et se retrouver sur des choses fondamentales. Par exemple, on demande aux religions de respecter dans l'espace public un principe de mixité fondé sur celui de l'égalité des sexes. Grâce à cela, nous sommes l'un des champions du monde du mariage mixte, contrairement aux pays multiculturalistes où l'on se marie le plus souvent dans sa communauté. Qu'est-ce qui fait qu'aujourd'hui, dans notre société française, il peut y avoir autant de mariages mixtes ? Sur le plan des mœurs et de la vie privée, il y a là l'expression d'un certain climat, d'une certaine culture, d'une ambition de mélange, de partage des valeurs en dépit des différences. Il ne s'agit pas d'uniformiser les gens. Nous, Français, connaissons les dangers de l'uniformisation. Nous connaissons la République assimilationniste et son désir d'effacer les différences ; ce n'est pas la plus belle page de notre histoire… Attention à cela aussi, attention à ce qu'au nom du partage des valeurs on n'impose pas à tous la même façon de voir et de vivre. Nous devons en permanence maintenir l'équilibre entre les deux extrêmes suivants : mélange et négation des différences d'un côté, simple coexistence sans interaction de l'autre.

Aujourd'hui, on constate que la laïcité n'en finit plus de nous diviser. Si le verbe existait, je dirais elle n'en finit plus de nous « discorder ». Plus on mobilise le principe de laïcité, plus l'incompréhension grandit, et plus on se dirige vers de nouvelles guerres de religion ou conflits culturels. Dans ce cas de figure, qui commence à devenir très inquiétant, deux choix s'offrent à nous.

Le premier choix serait de déserter en pleine campagne, de considérer que la notion de laïcité est devenue trop polémique, trop clivante. On l'abandonne donc, un peu lâchement, et on passe à autre chose. Mais céder à cette facilité entraîne la question suivante : avons-nous un plan B ? Étant donné notre culture, notre histoire, notre société multiculturelle aux identités et appartenances de plus en plus diverses, on pourrait presque dire, comme le fait Michel Maffesoli, que « nous sommes au temps des tribus ». Si nous abandonnons aujourd'hui le principe de laïcité comme principe d'unité dans la diversité, comme moyen de retrouver et d'assurer cette unité, génération après génération, que mettons-nous à la place ? Plus exactement, quelle notion allons-nous devoir abandonner demain si nous abandonnons celle-ci aujourd'hui ? Allons-nous abandonner la notion de fraternité avant même qu'elle n'ait servi ?

Et dans quel état se trouvent les notions de liberté et d'égalité ?... En mauvais état, disons-le ! Mais est-ce une raison pour les abandonner au bord du chemin ? Les inégalités sociales toujours plus grandes nous montrent l'état de l'égalité dans la société française aujourd'hui. Pouvons-nous nous permettre d'abandonner l'un de nos principes fondateurs alors que le corps général de nos valeurs et principes est si mal en point ?

Deuxième possibilité : on se retrousse les manches, on siffle la fin de la mêlée et on essaie de privilégier au maximum le dialogue entre femmes et hommes de bonne volonté. On essaie de retrouver une conception de la laïcité qui nous permette de « fabriquer du commun », de trouver ce que j'appelle le « Graal des sociétés multiculturelles ». Je pourrais aussi bien l'appeler « pierre philosophale », ou encore « quadrature du cercle », car c'est de cela qu'il s'agit : réussir « l'impossible » des sociétés multiculturelles. Quel est cet impossible ?

Les sociétés multiculturelles ont un problème spécifique propre : elles sont infiniment, ou indéfiniment (un indéfini étant un infini vague) diverses : toutes les différences sont dans la nature, ou plutôt dans la culture, dans la société. Cette société multiculturelle est donc menacée par un éparpillement indéfini, une atomisation en communautés séparées, une incapacité à faire de cette diversité une richesse.

Premier élément de l'équation : comment faire pour considérer notre incroyable diversité interne comme une richesse et non pas comme une menace ? Évidemment, il faut que nous soyons capables de donner une unité à cette multiplicité tout en la préservant !

La voilà notre quadrature du cercle, notre fameux Graal des sociétés multiculturelles : parvenir à trouver un point d'équilibre entre unité et multiplicité. En d'autres termes, il s'agit d'accorder aux différences un véritable droit d'expression. Partant du principe objectif que ces différences culturelles et religieuses existent dans notre société, il est normal de leur accorder ce que j'ai appelé plus haut un « droit de cité ». Il faut faire justice à cette diversité, sans sacrifier l'objectif d'unité : toute la difficulté est là. Cette justice faite à la diversité doit aussi s'accompagner d'un rassemblement. « Se rassembler sans se ressembler » est une formule que j'emploie souvent pour décrire cette acceptation, cette interaction en dépit des altérités. L'objectif est clair : fabriquer une unité non-totalitaire et respectueuse de l'altérité. Unité et multiplicité forment ensemble un critère d'estimation de la compréhension et de l'usage juste du principe de laïcité. Or, quel usage peut-on faire du principe de la laïcité si l'on ne veut pas qu'il finisse par devenir accessoire ? Dire qu'il sert à nous rassembler, à vivre ensemble, serait trop vague. Dire encore qu'il permet aux différences de s'exprimer, mais sans qu'il y ait interaction, revient à tenir le fil de la multiplicité et à lâcher celui de l'unité en même temps.

Comment trouver, dans chaque situation, la réponse juste, l'attitude juste, l'application juste du principe de laïcité ? De quels critères disposer pour savoir si l'on est bien, comme évoqué précédemment, dans une conception raisonnée, équilibrée, et juste – au sens de justice et de justesse – du principe de laïcité ?

On ne peut répondre de façon universelle ou générale à cette question, comme à toutes celles auxquelles l'être humain est confronté. La sagesse, s'il y en a une, est toujours celle de l'« ici » et du « maintenant ». Or l'ici et le maintenant définissent une société multiculturelle dans laquelle l'application de la laïcité est équilibrée, et juste.

Quelle liberté d'expression religieuse dans un cadre laïque ?

Dans chaque situation sociale, nous avons besoin de savoir comment articuler unité et multiplicité. Comment concilier droit à la différence et fabrique du commun, et comment faire justice aux individus dans leurs singularités, dans leurs appartenances, etc. ? Ces interrogations peuvent être résumées en une seule : où placer le curseur ? C'est très simple, et je vais vous le prouver en m'appuyant sur quelques d'exemples.

Nous avons d'ores et déjà un certain nombre de principes et de règles nous permettant d'ajuster au plus près, de rendre précisément juste notre application du principe de laïcité. Notre vie sociale est partagée en deux grands domaines : ce qui relève du secteur public et ce qui relève du secteur privé. Où placer le curseur dans ce cas ? Le curseur est placé par la loi. Que dit-elle ? La loi dit que le principe de laïcité s'applique pour réguler, limiter et encadrer l'expression de la liberté religieuse du côté du secteur public. Ainsi, du côté du secteur privé, si une entreprise, quelle que soit sa taille, entend limiter, réguler et encadrer l'expression de la liberté religieuse ou de la diversité religieuse, elle ne peut le faire qu'à l'intérieur du droit existant pour d'autres motifs que celui de laïcité. Des motifs de sécurité ou d'hygiène par exemple, des motifs relatifs à ce qu'on appelle, de façon un peu générique, la bonne marche sociale de l'entreprise.

Dans le secteur public, les agents ont une obligation de neutralité : ils ne peuvent exprimer leurs convictions personnelles, religieuses ou politiques dans l'exercice de leur fonction. Ils doivent veiller à faire respecter le principe de laïcité dans tous les espaces dont ils sont responsables. Aucun acte contrevenant à la loi, ou troublant l'ordre public, ne peut être toléré sous prétexte de l'expression d'une identité religieuse. Rousseau parlait très justement d' « intérêt général » pour décrire la notion selon laquelle la loi n'est pas liberticide. Le mot « liberticide », que je trouve assez laid, revient souvent aujourd'hui lorsqu'on fait le procès de la laïcité. Chaque fois qu'une loi laïque émerge, on lui reproche d'être liberticide… Quelle décadence de notre culture politique ! Avons-nous oublié que nous sommes en démocratie ? Avons-nous oublié que la loi garantit et protège la liberté et l'égalité des droits ? Lorsque la laïcité régule ou limite la liberté d'expression religieuse dans l'espace public, cela ne veut pas dire qu'elle est liberticide ! Cette démocratie ne dysfonctionne pas, bien au contraire. Elle fait en sorte que la loi ne soit ni au service d'un parti, ni au service d'une classe, ni au service d'un particulier : elle est au service de l'intérêt général. Loin d'être liberticide, la loi garantit l'égalité de jouissance d'un même droit pour tous. Ce fait est malheureusement souvent ignoré.

Prenons l'exemple de la loi du 11 octobre 2010 interdisant la dissimulation totale du visage dans l'espace public, autrement dit la loi relative au voile intégral. Le motif de cette loi n'était d'ailleurs pas lié à la laïcité mais au maintien de l'ordre public : il fallait pouvoir identifier la personne. Certaines associations dites des Droits de l'homme, dont le très actif Collectif contre l'islamophobie – lobby communautariste ayant tout à fait le droit d'exister –, ont immédiatement crié à la loi liberticide. En réalité, cette loi renvoie simplement à ce que j'appellerais « la règle de bon sens d'une éthique universelle », c'est-à-dire la possibilité d'identifier quelqu'un dans l'espace public. En somme, c'est le fait d'avoir une relation humaine, « de visage à visage », aurait dit Emmanuel Levinas. Mais il faut croire qu'aujourd'hui, le bon sens n'existe plus chez ceux qui hurlent aussitôt à l'insupportable atteinte à la liberté individuelle, à la discrimination et à la stigmatisation « anti-islam ». Cette question concerne en réalité la notion d'éthique, d'intérêt général et, pour le dire simplement, de sécurité.

Personnellement, et en tant que philosophe, ce n'est pas tellement la question de la sécurité qui me touche ou me parle le plus. La perte de notre bon sens commun, qui fait que nous désignons comme liberticide une loi permettant simplement de se rencontrer « de visage à visage » dans l'espace public, me préoccupe davantage. Au nom d'une certaine conception de la liberté, et d'une conception complètement dégénérée de la loi, certains nous disent : « Vous êtes vraiment fascistes, vous, les Français ! Vous êtes allergiques à l'islam ! ». Je leur répond : Excusez-moi, mais en tant que spécialiste de l'islam[1], je me permets d'affirmer que ce voile intégral n'a rien à voir avec l'islam, qu'il en est une pathologie fondamentaliste dont certaines subjectivités sont captives. Je crois que nous devons avoir la lucidité collective de le comprendre et de le dire. Le voile ne relève pas de l'islam mais de ce qu'on appelle un islamisme, c'est-à-dire une dégénérescence fondamentaliste et néoconservatrice de l'islam se nourrissant de la sous-culture religieuse. Dans le domaine religieux comme dans n'importe quel autre domaine idéologique, on trouve des subjectivités aliénées et

1. On ne peut pas être spécialiste de l'Islam avec un grand *I*, car elle est une civilisation, et on ne peut pas être spécialiste d'une civilisation dans son ensemble, c'est beaucoup trop vaste. Il y a l'histoire de l'Islam et l'histoire des cultures d'islam, il y a une histoire des sociétés du monde musulman et une anthropologie de ces sociétés. Je suis donc spécialiste de certains segments de la culture islamique, notamment de la philosophie de la religion, la théologie et la mystique.

endoctrinées qui se croient libres alors qu'elles ne le sont pas. Il existe aussi des libertés aliénées, c'est-à-dire des subjectivités qui n'ont pas une conscience claire ni exacte d'elles mêmes.

Dans ce cas, quelle liberté d'expression religieuse peut-on intégrer dans un cadre laïque ? J'évoquais auparavant le secteur public et l'obligation de neutralité des fonctionnaires. Je vais maintenant aborder le secteur privé. Actuellement, et ce malgré la proposition de la commission Stasi en 2003, le motif de laïcité dans le secteur privé ne peut pas nous aider à placer le curseur de régulation de l'expression religieuse afin de préserver le climat social. Mais d'autres motifs existent. En tant que membre qualifié de l'Observatoire national de la laïcité, je me rallie à sa position officielle sur cette question. En tant que philosophe, j'estime que j'ai le droit de dire quelle est ma position personnelle à ce sujet.

Je ne suis pas d'accord avec le fait qu'on ne puisse pas mobiliser le principe de laïcité dans le secteur privé. En 2003, la commission Stasi avait proposé que l'on reconnaisse dans le droit du travail ce qu'elle avait appelé le « choix laïque de l'entreprise ». Cette formule, que je trouve intéressante, a trop tôt disparu du débat public. Ce droit de choisir la laïcité interne n'est ni une nationalisation sur le plan éthique ni une nationalisation républicaine et autoritaire des entreprises. En ouvrant cette possibilité dans le droit, on laisse chaque entreprise décider de sa position par un consensus interne, une consultation des salariés ou un référendum. Cette position, en rapport avec les valeurs ou la culture de l'entreprise, laisse libre d'évoquer ou d'invoquer le principe de laïcité pour réguler en interne l'expression de la diversité religieuse.

C'est, par exemple, ce qu'a fait récemment une très grande entreprise de recyclage basée à Paris mais travaillant dans la France entière. L'entreprise Paprec, qui emploie entre 4 000 et 5 000 salariés, est connue pour sa promotion de la diversité culturelle et son travail de concertation avec les salariés. Elle a décidé d'adopter le principe de laïcité comme critère permettant de réguler l'expression de la diversité religieuse dans l'entreprise.

Dans le refus d'accorder ce droit aux entreprises, je vois une expression supplémentaire du libéralisme qui prévaut dans nos sociétés. À mes yeux, il existe un libéralisme économique et un libéralisme culturel. Les deux sont complices. En effet, si nous n'accordons pas à une entreprise, sur le territoire français, la possibilité de faire le choix de la laïcité, nous acceptons que les lois de l'entreprise soient hors-sol par rapport à notre contrat social. Et accepter qu'elles ne soient pas tenues par nos valeurs fondatrices est une concession inacceptable au libéralisme culturel. J'appelle cela une délocalisation culturelle. Je dis même qu'il s'agit d'une invasion de plus par l'esprit libéral anglo-saxon.

À mon sens, une chose menace notre société française plus gravement que l'islamisme, c'est le libéralisme sauvage, la dérégulation au mépris des cultures et du vivre ensemble. Je ne crois pas que les musulmans soient nos ennemis, même s'il y a là – je suis le premier à le dire et je l'ai dit sans concessions dans ma *Lettre ouverte au monde musulman* –, une civilisation gravement malade. On peut d'ailleurs considérer comme des héros de la vie spirituelle ces musulmans qui, face à la gangrène engendrée par tout un ensemble d'archaïsmes et de mouvements fondamentalistes, essaient de trouver un rapport libre à la religion. Encore une fois, il ne faut pas voir en chaque musulman un intégriste, un fondamentaliste, un radical, car ces dérives ne concernent qu'une minorité de musulmans. Nous pouvons faire société avec nos concitoyens musulmans et nous allons le prouver, même si – et je crains que ce ne soit nécessaire – nous devons passer par des périodes très difficiles, douloureuses mais cruciales.

Enfin, un dernier problème subsiste, inacceptable au nom de la diversité, en totale contradiction avec nos valeurs et notre culture : c'est celui de la mixité dans les rapports entre hommes et femmes.

Nous avons en France une très grande tradition de la mixité, de la proximité harmonieuse et heureuse entre hommes et femmes. S'embrasser, se côtoyer librement et pratiquer la galanterie est une façon de vivre ensemble que ne connaissent pas les sociétés anglo-saxonnes par exemple. Les rapports sont plus distants : on ne se fait pas facilement la bise, on ne se touche pas ; en présence d'une femme, l'homme doit laisser la porte de son bureau ouverte, etc. Bien sûr, nous avons aussi connu des périodes de domination masculine et de séparation des sexes. Encore aujourd'hui, il reste beaucoup à faire en matière d'égalité, de respect envers les femmes.

En ce sens là, nous n'avons pas de leçons à donner. Mais il est inquiétant de voir aujourd'hui se développer dans notre société française des conduites qui, au nom de la religion – de l'islam en particulier – réclament que les hommes et les femmes vivent séparés, ne se côtoient plus au travail, sur les terrains de sport, à la piscine, etc. Ce sont des conduites de séparation et de sécession. Est-il légitime que des hommes ou des femmes refusent, brandissant le prétexte fallacieux de la religion, d'avoir affaire à l'autre sexe ? Est-ce là simplement l'expression d'une différence culturelle ? N'est-ce pas plutôt celle d'une conception rigoriste, étroite et rétrograde de la religion ? Je crois que nous, Français, devons avoir le courage de dire non. Et ce, même si ça ne plaît pas, que ce soit à l'intérieur ou à l'extérieur de nos frontières. Non, nous n'acceptons pas que les femmes et les hommes vivent séparés. La mixité entre femmes et hommes est notre modèle de société, de sociabilité, de civilisation, et nous y tenons. Instituer cette séparation reviendrait à dire que toute relation de travail, de confiance, de proximité humaine, affective ou intellectuelle entre un homme et une femme est impossible. Ce serait insinuer – et c'est bien là le sens anthropologique implicite de cette séparation – que les hommes sont des êtres lubriques et les femmes des séductrices.

En quel sens la laïcité éduque-t-elle la liberté citoyenne ?

La question de l'éducation à la laïcité, de la pédagogie conjointe de la laïcité et de la liberté, interroge la laïcité en tant que moyen, vecteur, ou support d'éducation à la liberté. Qu'est-ce qu'une liberté citoyenne ? La laïcité comme support d'éducation a-t-elle la liberté citoyenne comme résultat ?

Ce travail est effectué depuis de nombreuses années au sein du ministère de l'Éducation nationale, avant même que Mme Najat Vallaud-Belkacem ne décide d'impulser, à la suite des attentats de janvier, ce qu'elle a appelé une « grande mobilisation de l'école de la République ». Cette mobilisation avait pour objet de former les personnels de l'école à la pédagogie de la laïcité. Une pédagogie qui, selon moi, devrait aussi être celle de la liberté…

Le coup d'envoi avait été donné bien avant par Vincent Peillon, qui nous avait demandé d'écrire la *Charte de la laïcité à l'école*. Or justement, ce qui est formidable dans cette *Charte*, c'est qu'elle nous montre en quel sens la laïcité éduque à une liberté citoyenne. Elle nous met en situation et nous permet de répondre concrètement à cette question.

Article 4 : « La laïcité permet l'exercice de la citoyenneté, en conciliant la liberté de chacun avec l'égalité et la fraternité de tous dans le souci de l'intérêt général. »

La laïcité est un principe de conciliation, elle éduque donc à une liberté citoyenne. Une liberté citoyenne, c'est tout le contraire d'une liberté individualiste qui « la joue perso ». C'est aussi tout le contraire d'une liberté communautariste, d'un individualisme de groupe. La laïcité est un principe au service d'une valeur, et cette valeur est la liberté. Mais pas n'importe quelle liberté. C'est la liberté citoyenne, altruiste, celle de celui qui est conscient d'avoir des droits, mais aussi des devoirs envers l'autre. S'il s'avance dans l'espace public, il est assez responsable sur le plan éthique et civique pour se demander : « Mais, au fait…et les autres ? Comment vont-ils me percevoir ? Vont-ils accepter ce que je suis ? ». Cet altruisme est mille fois préférable à l'individualisme exprimé par le fameux « parce que je le vaux bien », véritable gangrène de nos sociétés modernes et contemporaines.

Je pourrais redire ici ce que je disais au sujet du libéralisme. L'ennemi n'est pas l'islam. Ce n'est pas non plus la religion. Si un catholique, un juif ou un musulman s'avance dans l'espace public en disant : « Je veux affirmer ma différence, c'est comme ça. Ce n'est pas négociable et je ne vois pas au nom de quoi je devrais modérer l'expression de cette différence », est-ce alors la religion qui pose problème ? Non. C'est un symptôme typique de l'individualisme moderne et contemporain. On aboutit donc à la conjugaison absolument improbable entre un néo-conservatisme religieux et un individualisme typiquement moderne et contemporain.

Qu'est-ce que l'intégrisme ? Peu importe qu'il soit hindouiste, juif, musulman ou catholique, l'intégriste se reconnaît à son attitude bornée : il ne comprend pas, ou ne veut pas comprendre. Il dit : « Ma religion, c'est ça, point ». Là aussi, c'est une question de curseur. L'intégriste est celui qui refuse de déplacer le curseur. Entrer dans une logique d'adaptation de sa pratique, de relativisation de son orthodoxie, de discussion du dogme traditionnel est hors de question. Qu'est-ce qui est acceptable, qu'est-ce qui ne l'est pas ? L'intégriste est persuadé que sa religion est éternelle, que ses règles sont éternelles, que sa loi est au-dessus des hommes et des époques. À la limite, il veut bien discuter, mais jusqu'à un certain point. Tôt ou tard, il bloque. Il dit alors – c'est caractéristique – : « Non, là vous touchez au noyau sacré, à l'essence intouchable de mes croyances. » Au-delà de cette « ligne rouge », il devient autiste. Il ne fait pas de compromis, il ne veut pas négocier, car, pour lui, la loi divine est au-dessus de la loi démocratique des hommes. Il considère qu'il y a une transcendance indiscutable de la loi de Dieu, ou, en tout cas, de ce que ses interprètes font dire à Dieu… Vous reconnaîtrez aussi cet intégriste à son individualisme. En effet, que signifie le fait de ne pas vouloir négocier ? Quand il affirme : « Ma religion m'interdit de manger ceci ou de porter cela, point barre », il refuse le dialogue. Autrement dit, il refuse d'entrer dans le jeu du débat démocratique. Il parle donc au nom d'une liberté qui ne se soucie pas de la relation à l'autre, au nom d'une vérité perçue comme absolue. Ne pas voir qu'il y a là, dans cette fermeture d'esprit, dans cette prétention à énoncer une vérité absolue, quelque chose qui est anti-éthique et qui n'a pas de dignité morale, est inacceptable. Il est moralement indigne de refuser la négociation dans nos sociétés humaines. Si je dis à ma conjointe : « Non, je suis désolé, mais dans notre couple, tu dois t'adapter. Moi, je ne négocie pas », un tel discours machiste ne sera pas du tout recevable sur le plan éthique ! Nous devons être capables d'utiliser ce type d'argument. Je vous rappelle qu'il est mobilisé dans l'article 4 de la *Charte de la laïcité à l'école*. La laïcité n'est pas au service de n'importe quelle liberté.

Elle sert une liberté de haut rang, une liberté ayant une dignité morale et politique.

Nous devons également être capables d'expliquer pourquoi la laïcité est au service de la liberté. La laïcité n'est pas une valeur, mais un principe au service de nos valeurs de liberté, d'égalité et de fraternité. La distinction est importante pour comprendre son utilité. Quand je dis qu'elle est un principe et non une valeur, je ne veux pas relativiser son importance ! Je cherche à récupérer l'intelligibilité collective d'un système à l'intérieur duquel chaque chose a sa place. Et c'est parce que chaque chose a une place précise que le système peut profiter à tous. La laïcité est un cadre, un outil politique. Certains l'ont exprimé de façon plus poétique, et un peu religieuse, en disant que c'est la clé de voûte de notre système républicain. Il est intéressant de se le remémorer…

Cela montre aussi que ce qui donne sa valeur au principe de laïcité, c'est qu'elle est au service des valeurs que sont la liberté, l'égalité et la fraternité.

Ce curseur-là vous permet de situer la juste compréhension et le juste usage du principe de laïcité. Dès que nous aurons le sentiment collectif que dans un contexte donné, à chaque fois différent, la laïcité n'est pas mise au service de ces trois valeurs, nous pourrons dire sans nous tromper que nous avons mésusé ce principe et qu'il est en contradiction avec sa place dans l'édifice républicain.

Voici un exemple de contradiction : le « droit à la différence ». Comme certains le rappellent, il ne signifie pas « différence des droits ». Si notre société commence à donner des droits différents en fonction des communautés culturelles, on risque un excès dans la reconnaissance du droit à la différence. C'est le cas lorsque l'on décide, par exemple, d'accorder tel jour la jouissance de la piscine municipale à des femmes qui, par conviction religieuse, refusent d'être en présence des hommes. C'est ce que l'on appelle, au Canada, un « accommodement raisonnable ».

Mais si l'on donne des droits différents, où est la notion d'égalité ? Que se passe-t-il lorsque celui qui n'avait que ce moment de disponible pour aller nager se voit interdire l'accès à la piscine, ce jour-là réservé aux femmes ? Il y a rupture de l'égalité républicaine et ce n'est ni justifié, ni justifiable.

Quelle fraternité républicaine entre les cultures et les croyances ?

La laïcité ne va pas se défendre toute seule, ou, pour employer un vocabulaire moins guerrier, elle ne va pas se promouvoir toute seule. Il nous faut venir à son secours chaque fois que nécessaire et, toujours avec discernement, appeler en renfort la liberté, l'égalité et la fraternité. Ce système de valeurs donne son sens à la laïcité, ainsi que les moyens de sa promotion.

Nous ne pourrons promouvoir la laïcité si nous oublions de parler des valeurs qu'elle sert et qui la justifient.

Dans les discours destinés à promouvoir la laïcité, nous devons souligner, comme le fait l'article de la *Charte* déjà cité, le service qu'elle rend à la liberté, à l'égalité et à la fraternité.

Je parle de fraternité parce qu'il m'a semblé qu'elle était la grande absente de notre « après Charlie ». En effet, il y a eu un grand moment d'unanimité nationale lors de la manifestation du 11 janvier, puis de « grands discours républicains ». Mais ce qui m'a frappé, c'est le retour presque immédiat des clivages : deux camps se sont rapidement formés. Globalement, il y a eu le camp des « Je suis Charlie », et celui des « Je ne suis pas Charlie ». Même si c'est un peu schématique, il est important de noter cette ligne de force.

« Je suis Charlie » veut dire : « Pour moi, la liberté d'expression est une chose indiscutable. On ne doit jamais plier le genou, même devant le religieux ou les représentations religieuses. On peut rire de tout ». En tant que philosophe, j'ajoute que non seulement on peut rire de tout, mais que c'est un devoir. Et nous devons en particulier rire de ces choses qui peuvent nous impressionner, nous dominer, nous museler. Plusieurs choses peuvent nous réduire au silence, à commencer par l'ordre établi. Il faut donc rire de l'ordre politique, parce que le rire est une puissance de résistance et de subversion par rapport aux dominations politiques que sont le totalitarisme, le fascisme, la dictature, le despotisme, l'autoritarisme. Les humoristes sont d'ailleurs menacés dans tous les pays où règne l'autoritarisme politique. Nous devons aussi rire de ce qui devrait nous réduire au silence : le tragique de la condition humaine, la souffrance, la maladie, la solitude, la mort. À quoi bon rire de choses superficielles qui ne nous font pas mal ?

La grande fonction du rire est thérapeutique – Aristote dirait « cathartique » – mais il sert aussi à démontrer la grandeur de l'homme face au tragique. Quand ce tragique devrait m'écraser, quand je réalise que « la vieillesse est un naufrage », je choisis d'en rire, de faire un pied de nez à ce qui m'effraie. Le rire manifeste aussi la grandeur de l'homme face au sacré, le sacré comme l'a défini le grand spécialiste de l'histoire de la religion Rudof Otto. Ce sacré devrait nous effrayer. Nous devrions nous prosterner devant lui, être écrasés par notre finitude face à sa majesté. Au contraire, la puissance de l'esprit humain est de se sentir à la mesure du sacré. Si l'homme avait passé des millénaires à ramper devant les dieux, il n'y aurait pas eu de religion, mais des vers de terre. Ce point me paraît capital.

Le camp des « Je suis Charlie » considère donc que la liberté de conscience ne doit plier devant rien, tout en tenant compte aussi, par souci d'éthique, de la sensibilité et de la culture d'autrui. Je partage cette idée.

Rire d'une croyance revient-il à offenser le croyant ? Est-ce un outrage, une insulte ? Puis-je prendre le risque de lui déplaire ? À chacun de décider, en son âme et conscience. Les règles d'une société ouverte sont simples : si je m'estime discriminé, stigmatisé, outragé et diffamé, je porte l'affaire devant un tribunal. Pas besoin d'une kalachnikov !

Abordons maintenant le camp des « Je ne suis pas Charlie ». Sa position ne peut pas être résumée à un rejet des caricatures ou au mépris de la liberté de conscience. Ce camp-là tolère la caricature, la moquerie et l'outrage, à condition que Dieu, le sien ou celui d'un autre, n'en soit pas l'objet. Autrement dit, une limite existe, c'est celle du sacré.

Nous nous trouvons dans une situation de civilisation – révélée par « Charlie » – qui va au-delà du cas français. Cette situation explosive met en concurrence les sacrés : le sacré de la liberté de conscience et le sacré de la religion. D'un côté, le sacré républicain, ce sacré séculier qui érige la liberté de conscience en valeur normative et indiscutable ; de l'autre, le sacré religieux, devant lequel la liberté de conscience est censée s'arrêter. Qu'y a-t-il entre les deux ? L'énorme gouffre que Jean Jaurès avait déjà pointé du doigt de façon visionnaire. Il avait, avec une lucidité absolument remarquable à l'orée du XXe siècle, exprimé dans un discours que ce qui menace nos sociétés et qu'elles ne voient même pas, c'est « l'abîme effroyable prêt à se creuser » entre croyants et incroyants. Si certains avancent qu'il n'est pas si difficile de faire société entre croyants et non-croyants, Jaurès dit le contraire !

Et malheureusement, nous en sommes toujours là. Le gouffre ne s'est pas refermé. Contrairement à ce qu'ont essayé de nous faire croire les « grands sacrés politiques » tout au long du XXe siècle, nous n'en avons pas fini avec le sacré religieux. Tout reste à faire pour penser ensemble « par-delà religion et athéisme » ! Outre le principe de laïcité – qui s'est avéré utile jusqu'à présent – nous avons besoin de tout reprendre depuis le début et de faire une nouvelle synthèse. Certains pensent que j'ai tort d'employer l'expression « sacré républicain ». Le mot sacré ne peut pas, selon eux, être utilisé en ce sens. Admettons. Choisissons donc de ne pas dire que c'est du sacré. Mais alors, ceux pour qui le religieux est sacré risquent de penser que rien d'autre n'a de valeur égale à nos yeux. Et là, nous sommes coincés !

Ces débats ont fini par entraîner les gens sur une fausse piste : celle de l'accusation mutuelle, du bouc-émissaire.

Pour le camp des « Je suis Charlie », les religieux – qu'ils soient juifs, catholiques ou musulmans – ne comprennent pas que la liberté de conscience et d'expression a une valeur bien supérieure à l'attachement qu'ils peuvent avoir pour ces vieilles reliques religieuses, ces fétiches, ces totems d'un autre temps. En face, c'est la même chose. : pour eux, les « Je suis Charlie » ne veulent pas comprendre l'interdit du blasphème, ni reconnaître véritablement et sincèrement l'altérité religieuse. D'où le débat qui s'en est suivi sur le mot blasphème.

Nous sommes face à deux univers qui ne se comprennent pas et n'arrivent pas à dialoguer, deux visions du monde qui s'excluent radicalement. Pourtant, nous continuons de faire comme si nous pouvions vivre au-dessus de ce gouffre. Crise économique et crise écologique occupent le devant de la scène alors que la crise spirituelle, c'est-à-dire « la mère de toutes nos crises actuelles », est reléguée au second plan. C'est la raison pour laquelle je voulais lier mon intervention sur la laïcité à la question de la spiritualité.

Là où il y a du sacré, il y a du spirituel, et cela concerne les valeurs les plus fondamentales de l'existence. Ce débat autour du « plus sacré » me semble encore une fois le signe que la question spirituelle va revenir au premier plan.

J'entre moi-même dans ces débats par la porte « islam ». Je suis identifié dans mon travail intellectuel comme un penseur réformiste – ou révolutionnaire – de l'islam. Je conserve et transforme ces héritages car je pense que c'est une religion malade, certes, mais qui a néanmoins un grand potentiel. Et je compte bien être l'un de ceux qui justement vont la remettre en mouvement.

Toujours est-il que le gouffre entre conscience religieuse et conscience non-religieuse est relatif à la conception même de l'être humain.

Pour une conscience non-religieuse, issue du *background* culturel de la modernité, l'être humain est d'abord « sujet ». La civilisation moderne, celle des Lumières, c'est la civilisation de l'autonomie. C'est la civilisation de l'être humain qui dit « je », qui ambitionne de faire ses propres choix et de les assumer, en accord ou pas avec ce qui lui serait imposé du dehors ou d'en-haut. Pour une conscience religieuse, l'être humain est d'abord « objet » : objet de la volonté divine, et avant cela, objet de la création divine. D'où sa difficulté à vivre dans cette ère humaine de l'autonomie. Il ne commence à dire « je » qu'à partir du moment où Dieu lui a confié, selon certaines théologies optimistes, un libre-arbitre, une responsabilité et une certaine possibilité de diriger lui-même son existence. Observons les efforts vains des théologiens, de tribord et de bâbord, d'Orient et d'Occident, essayant de concilier la toute-puissance, l'omniscience, l'éternité de Dieu avec la liberté humaine. Ils ont tous échoué et ce n'est pas faute d'avoir utilisé toutes les subtilités possibles… Comment voulez-vous faire une place au libre-arbitre humain dans un système où Dieu est tout-puissant ? Comme disait Saint-Anselme, Dieu étant Dieu, Dieu étant ce qu'il est, il est contradictoire d'imaginer un Dieu qui ne soit pas tout-puissant, et face à lui, d'imaginer que l'homme pourrait se sentir libre. C'est un casse-tête métaphysique, une impasse théologique.

Nous vivons aujourd'hui dans une société complètement sécularisée et nous avons tout oublié de ces questions de théologie et de métaphysique. Nous croyons en être sortis alors qu'en réalité, dans le fond d'écran de notre société se rejoue la vieille scène, le vieux dilemme perpétuel et intemporel entre croyants et incroyants, opposant deux visions absolument antinomiques de l'être humain. Par conséquent, il va être très difficile de tenir notre objectif, de fabriquer du commun sans demander aux uns et aux autres de sacrifier leur identité ou leur croyance. Comment va-t-on concilier des visions du monde aussi antagonistes ? C'est une mauvaise surprise pour nos sociétés sécularisées. Nous pensions avoir mis derrière nous l'obscurantisme religieux et la superstition, avoir guéri de ce que Freud appelait une « maladie infantile de l'humanité » ou « illusion vitale ». Mais en ce début de XXIe siècle, le scénario est tout autre. Le problème vient aussi du fait que nous, les Occidentaux, avons rendez-vous avec notre propre histoire, telle que nous l'avons écrite. Nous avons cru régler les problèmes théologiques et métaphysiques mais nous assistons, en ce début du XXIe siècle, à une fin des idéologies.

Les réservoirs sociopolitiques sont vides, il n'y a plus aucun carburant de promesse ni d'espérance, le progrès technoscientifique ne provoque que de très grandes inquiétudes. L'humanité ne sait pas où elle va, et dans ce vide anxieux, naturellement, le vieux fond religieux revient. Parce que la nature a horreur du vide, parce que les gens ont besoin de réponses, de convictions fortes, et parce que la religion a toujours eu, parmi toutes ses fonctions, celle de répondre aux grandes angoisses de l'homme. Dans une époque angoissée comme la nôtre, évidemment, la religion revient au premier plan, non pas pour le meilleur mais pour le pire. Dans le bagage du religieux reviennent tous les « vices », tous les maux classiques en « -isme » : dogmatisme, obscurantisme, traditionalisme, extrémisme, intégrisme, littéralisme, machisme, etc. J'ai dressé la liste de ces vices en parlant de l'islam dans ma *Lettre au monde musulman*, mais ce n'est pas la seule religion concernée. En même temps, on ne peut pas traiter par le mépris ce retour du religieux parce qu'il vient signaler à nos sociétés une chose très grave : nous n'avons plus rien à partager de fondamental.

Et c'est pourquoi un certain nombre d'entre nous se tourne à nouveau vers le religieux. Il est là, comme toujours, clé en main ; c'est la boîte à outils du sens ! Mais n'y a-t-il pas là quelque chose à réinventer ? À partir de nos héritages religieux, nous pouvons peut-être réinventer du spirituel et bâtir enfin un pont au-dessus du gouffre entre ceux qui croient au ciel et ceux qui n'y croient pas ! Nous pourrions réconcilier ces conceptions du sacré qui aujourd'hui se regardent en chiens de faïence et s'excommunient mutuellement. Il y aurait d'un côté le sacré républicain, avec toutes les sacralités politiques fabriquées par la modernité – aujourd'hui en perte de vitesse – ; et de l'autre, le sacré religieux, tentant de se réinstaller tel quel dans la cité. En réalité, et contrairement à ce que l'on entend, il n'y aura jamais de véritable « retour du religieux ». En effet, le religieux est solidaire d'une civilisation, ou d'une époque humaine, parce qu'il en a longtemps été le moteur. Aujourd'hui, il n'y a pas de retour du religieux, car même dans les sociétés où il tient une place importante – certaines sociétés du monde arabe ou musulman par exemple, ou bien l'Inde, qui est la société religieuse par excellence –, il est devenu une référence culturelle parmi d'autres, un phénomène social parmi d'autres. Des deux côtés, nos systèmes de sacralisation sont donc en panne, en crise. Nous l'avons vu au moment de « Charlie », pour le cas franco-français, mais en arrière-plan, il ne faut pas oublier la crise de civilisation que nous partageons avec les autres. Nous sommes tous embarqués dans la même galère et pourtant, il faut s'en réjouir au lieu de s'en affliger car il y a quelque chose à réinventer ! Pour réinventer du spirituel par-delà l'alternative moderne entre religion et athéisme, il est intéressant de réfléchir sur l'islam et de dire que même si, parmi les musulmans, certains intégristes sont bruyants, intolérants et agressifs, ce n'est pas notre souci de civilisation majeur ! Ne fonçons pas sur cet intégrisme tête baissée alors que le problème de fond est ailleurs !

Ne nous laissons pas hypnotiser par le « problème de l'islam », car au fond, nous sommes tous concernés – croyants, agnostiques ou athées –, par le fait que nos sociétés manquent cruellement d'un dénominateur commun sur le plan spirituel. Nous manquons d'une image de l'être humain vers laquelle tendre, qui nous élève et ouvre la voie à une plus grande humanité. Le spirituel, au sens profond et universel du terme, est ce qui met notre âme en culture et notre être en croissance, nous élevant bien au dessus de ce que nous croyions être. Le spirituel fait progresser l'être et la conscience, il appelle à une vie plus haute, plus vaste, plus sage, et plus créatrice. Cornelius Castoriadis disait en 1975 que toute société digne de ce nom devait savoir répondre au moins à deux questions : qui sommes-nous ? et autour de quoi faisons-nous société ? Qui sommes-nous ? Vers quel idéal d'humanité tendons-nous ? Aujourd'hui, le « autour de quoi faisons-nous société ? » reste sans réponse. Autour de quelle valeur fondamentale pour l'être humain pouvons-nous nous retrouver ? Cette valeur devrait être une sorte de juge de paix devant lequel nous déposerions les armes, et ce, quelle que soit la gravité de nos différends, quel que soit le gouffre creusé par nos différences. Le miracle du juge de paix est un miracle profane, non-religieux. Il pourrait nous réconcilier et nous rassembler autour d'une chose qui, soudain, de façon évidente et partagée, nous apparaîtrait comme plus importante que tout ce qui nous divise.

Une spiritualité partageable « par-delà religion et athéisme »

On attribue à André Malraux cette célèbre prédiction : « Le XXIe siècle sera spirituel ou ne sera pas ». Actuellement, ce besoin de spiritualité nous inquiète parce qu'il prend la forme de ce que nous appelons « le retour du religieux », pour le meilleur et souvent pour le pire : le meilleur de la ressource du sens et le pire de tous les dogmatismes, fanatismes et radicalismes. Mais nous voyons bien, en fond d'écran de nos interrogations sur la laïcité, cette question difficile du sacré, du « spirituel » – mot-valise dans lequel on ne glisse rien de précis au sujet de la transcendance qui recommence à nous tarauder. Nous l'avons vu, la religion revient au secours des femmes et hommes sécularisés que nous sommes, répondant à une chose encore plus vaste qu'elle-même : l'aspiration à la « spiritualité ». En effet, derrière le religieux, et sans doute « par-delà le religieux », demeure cette soif de spirituel que nous allons devoir prendre en charge collectivement. Faisons fi des frontières de croyance et de culture pour nous rassembler, en préservant la liberté de chacun, autour de ce que j'appelle « une conception et une pratique de la vie spirituelle universellement partageables ». Sacré défi, le défi du sacré !

La fraternité s'impose alors comme un choix, et ceci pour deux raisons.

Premièrement, la fraternité est inscrite dans notre histoire politique française. Kant dirait que c'est une

« idée régulatrice », c'est-à-dire un horizon idéal vers lequel nous marchons, sans jamais pouvoir l'atteindre. Nous l'avons placée tellement loin, tellement hors de portée ! La fraternité recule à mesure que nous avançons vers elle. Concevoir la fraternité ainsi, comme une transcendance inaccessible, est totalement décourageant ! La société française a tellement reculé devant la fraternité qu'on a parfois le sentiment d'être fraternel alors qu'on ne l'est pas. Pouvons-nous réellement bénéficier d'une éducation à la fraternité, de politiques publiques de fraternité ? Parler de politiques publiques de fraternité n'a rien d'abstrait ou d'idéaliste, ce n'est pas une naïveté de philosophe. Ces politiques réduisent les fractures sociales et culturelles à l'échelle départementale, régionale et nationale. Travailler dans le domaine de l'interculturalité, de la solidarité, de la réparation d'une véritable mixité sociale et culturelle signifie œuvrer pour une politique de fraternité. Il en allait de même lorsqu'en tant que représentant du ministère de l'Éducation nationale, je participais à la mise en place d'un nouvel enseignement moral et civique à la rentrée 2015. J'entends souvent dire que l'école ne doit plus enseigner la morale, qu'on ne peut enseigner une morale d'État. Sommes-nous trop stupides ou trop démunis pour n'avoir rien à dire sur le plan moral à nos enfants ? En réalité, éduquer à la morale n'est pas si difficile : par exemple nous pouvons, et nous devons parler aux enfants de la fraternité. Les faire travailler et agir ensemble au quotidien au sein de l'école, encourager le travail d'équipe au lieu de les mettre systématiquement en concurrence : tels sont les moyens de les initier à la fraternité. Nous devons aussi les inciter à s'exprimer au sujet de l'honnêteté, la droiture, l'altruisme, la générosité et le sens du pardon, avant de leur montrer comment les mettre en pratique. Il y a là un répertoire, une sorte de « petit traité des grandes vertus », comme aurait dit André Comte-Sponville, qui peut faire consensus.

Deuxièmement, la fraternité est à mes yeux un sacré ou un universel partageable. Je le dis avec d'autant plus d'aisance que cet humanisme de la fraternité existe aussi du côté de l'islam. Il y a donc ici la possibilité de nous retrouver en transcendant nos différends et nos différences. Nous ne pouvons pas dire qu'il y a, dans la notion de fraternité, un idéal français, un idéal occidental. Ce serait faire preuve d'un mépris insupportable envers l'Orient islamique et les autres civilisations orientales. Nous n'avons pas le monopole de cet humanisme de la fraternité ! Au contraire, allons avec confiance vers les autres civilisations, parce que toute grande civilisation a dans son répertoire de valeurs un commandement de la fraternité. C'est ce que certains appellent « la règle d'or humaniste ». « Ne fais pas à autrui le mal que tu ne voudrais pas qu'il te fasse. » Connaissez-vous une seule société au monde, une seule culture qui ne soit pas fondée sur ce principe ?

Du côté de l'islam, on trouve des trésors de commandements à la fraternité. Lorsqu'on parle de l'islam, on a souvent le réflexe de se référer à ce que dit le Coran, d'aller consulter le texte sacré, adoptant alors une attitude quasi religieuse. Mais suffit-il de se référer à la parole sacrée ? Que dit-elle ? Elle dit ce que l'on choisit de lui faire dire. Le Coran, comme n'importe quel grand texte, donne lieu à une infinité d'interprétations. Qu'est-ce qu'un grand texte ? Comment peut-il se transporter ainsi de siècle en siècle, de millénaire en millénaire ? La réponse est simple : il a encore et toujours des choses à nous dire. Il est un miroir infini face à nos questionnements, à nos intelligences et au travail de nos intelligences. Chaque fois que l'un d'entre nous, époque après époque, siècle après siècle, se replonge dans un grand texte – cela vaut aussi pour les grands textes littéraires, les mythologies, les contes, etc. – il y découvre un aliment nouveau et singulier. Un grand texte a cette capacité de régénération infinie, du moins pour le lecteur qui n'irait pas y chercher une vérité toute faite. En l'occurrence, on ne peut parler du Coran en se référant à tel ou tel verset. Il y a beaucoup de choses contradictoires dans le Coran ! Il appartient à chacun d'entre nous de faire un choix. Chaque société, chaque culture, chaque système éducatif est concerné.

Dans le Coran, on trouve donc des commandements de fraternité. Les musulmans d'aujourd'hui doivent dire solennellement et collectivement, chacun à son niveau de responsabilité : « Dans le texte sacré de notre tradition, les versets portant sur les commandements de la fraternité sont ceux auxquels nous accordons le plus de valeur.

Ce qui, au contraire, est violent dans le Coran n'est pas acceptable. Les êtres humains ont besoin de cette fraternité sans frontières, aujourd'hui plus qu'hier ! Et c'est à partir de ces versets que nous déterminons notre conduite sur le plan éthique et social. » Un verset que j'aime beaucoup dit : « Rends le bien pour le mal (Sourate XLI, 34) », c'est quasiment évangélique. Comme le disait Teilhard de Chardin : « Tout ce qui monte converge », c'est-à-dire qu'au cœur de la moelle spirituelle de chaque tradition se trouvent des commandements universels. Les différences sont des différences de surface. Rends le bien pour le mal, résiste à la pulsion de vengeance, ne te laisse pas aller à la colère, refuse ce cycle-là, manifeste une capacité de pardon, etc. Le verset se poursuit avec ces mots : « Rends le bien pour le mal et tu verras ton ennemi se muer en fervent allié. » Toute une culture spirituelle découle du commentaire de ce verset.

Je propose simplement que nous ayons le bon sens collectif de nous retrouver autour de ce commandement de fraternité, et pas seulement tel qu'il existe dans le Coran. Certains vont aller le chercher dans le Coran, d'autres dans leur culture. Personnellement, je l'ai trouvé dans *Les Misérables*, de Victor Hugo. J'aime tellement ce passage que je le cite souvent : Jean Valjean, sorti du bagne après 19 ans de souffrance et d'injustice, est partout rejeté. L'évêque de Digne, surnommé Monseigneur Bienvenu, l'accueille à bras ouverts et lui offre le souper. Jean Valjean est ému par la générosité et la confiance que manifeste cet homme à son égard. Il lui demande alors ce qui le pousse à accueillir ainsi un ancien bagnard dont il ignore jusqu'au nom. Le regardant droit dans les yeux, l'évêque de Digne lui adresse cette réplique hugolienne immortelle : « Si, je le connais ton nom, tu t'appelles mon frère ». Dans combien de familles aujourd'hui éduque-t-on à un tel niveau d'humanité ? Combien considèrent comme leurs frères et sœurs, non pas ceux qui ont la même religion, mais tous les êtres humains ? Ma sœur humaine, mon frère humain !... Nous, musulmans, par exemple, appelons très facilement « mon frère » ou « ma sœur » ceux qui sont aussi de culture musulmane. Dans d'autres cas, « mon frère » est celui qui partage ma culture, ma confession, mon origine ethnique, etc. Comme le disait Henri Bergson au début du XXe siècle, il va falloir à un moment ou à un autre que l'humanité fasse un progrès spirituel, un véritable saut spirituel. Il va falloir que nous passions d'une fraternité organique, biologique et naturelle entre ceux qui ont le même sang ou les mêmes convictions, à une fraternité beaucoup plus universelle. Et je crois qu'aujourd'hui, nous sommes justement au seuil de ce progrès de conscience, ce progrès spirituel, parce qu'il nous élève au-dessus de nos limites anciennes. Nous allons réussir à faire ce progrès de l'âme. J'y crois !

Voilà le grand défi de notre temps : refaire un progrès collectif à partir de ce progrès spirituel ! Nous sommes attendus à ce tournant-là. Nous visons un « sacré » partageable et je crois qu'il se trouve d'abord du côté éthique de la fraternité, celui de la capacité à fraterniser au-delà des frontières de culture et d'appartenance. Notre progrès social étant clairement au point mort, il me semble important de méditer ceci : s'il n'y a pas de progrès sprirituel, il n'y a peut-être plus de progrès social. Encore une fois, le mot « spirituel » n'est pas ici employé au sens religieux. Je parle de l'éthique spirituelle du lien à l'autre, de la qualité de ce lien de confiance, d'amitié, d'estime, de compassion, d'amour et de tolérance. Mais, me direz-vous, en quel sens est-ce spirituel ? Le spirituel commence toujours du côté du lien, c'est sa définition la plus universelle. Étymologiquement, la religion « relie ». C'est une étymologie peut-être un peu hasardeuse mais la vie spirituelle, c'est la vie reliée. La fraternité nous relie à l'autre, les pratiques de méditation, de recueillement et de prière nous relient à nous-mêmes. L'appel de toutes les grandes spiritualités du monde à contempler le spectacle de la nature et à nous en étonner nous relie à la grande vie créatrice qui s'exprime dans la nature. Elle nous traverse, nous aussi, et nous emporte peut-être même au-delà de la mort physique.

Revenons maintenant à la question la plus urgente pour notre société. Comment faire en sorte qu'à l'intérieur d'un cadre laïque, sous cette clé de voûte qu'est la laïcité, nous visions ensemble une liberté, une égalité et surtout une fraternité qui auraient l'immense valeur d'être à la fois des vertus éthiques, sociales et spirituelles ?

Débat public

Q. Certains attaquent la laïcité en la qualifiant d'idéologie ou de religion d'État. Qu'en pensez-vous ?

Ce type de critique est inévitable parce qu'en effet, force est de constater qu'elle est utilisée comme ça, c'est-à-dire comme une idéologie, ce que j'ai appelé précédemment une « laïcité de combat ». En revanche, je serai très prudent avec l'idée qu'il s'agit d'une religion d'État. J'entends aussi beaucoup une expression qui me paraît plus que contestable, celle d' « islamophobie d'État ». Si dans nos espaces publics, et dans la parole de certains responsables politiques – notamment à l'extrême droite –, nous trouvons cette laïcité idéologique, cette laïcité de combat, il ne me semble pas qu'elle se soit installée à la tête de l'État. C'est-à-dire à la tête de la responsabilité politique qui exerce le pouvoir. Je ne crois pas que nous ayons affaire aujourd'hui – et j'espère que ça ne sera jamais le cas – à une islamophobie d'État ou à une laïcité qui serait une religion d'État. Il me semble qu'aujourd'hui, l'État garde encore la tête froide, j'en veux pour preuve ce qui définit aujourd'hui la laïcité au plus haut niveau de la responsabilité politique, l'Observatoire national de la laïcité. Au sein de cet observatoire, on peut avoir un certain nombre de désaccords. Néanmoins, si vous allez sur le site Internet de l'Observatoire national de la laïcité et que vous lisez les différents avis que nous avons rendus depuis notre création il y a deux ans, vous n'y trouverez pas de laïcité idéologique. Au contraire, vous y verrez cette laïcité équilibrée et raisonnée que j'ai essayé de porter aujourd'hui. D'ailleurs, pour tous ceux qui cherchent à promouvoir la laïcité, à lui redonner une puissance de conviction et à la partager, il y a là une ressource considérable. Nous avons écrit des pages et des pages de texte offrant justement des réserves de sens et des outils pour qu'ensuite chacun puisse porter un discours non idéologique, non orienté, non stigmatisant sur la laïcité.

Q. Comment se manifeste la fraternité lorsque l'on change la « politique » des cantines par exemple, et que les enfants ne peuvent plus manger la même chose ?

La responsabilité des cantines appartient aux collectivités locales. Néanmoins, au niveau du ministère de l'Éducation nationale, nous portons un discours extrêmement clair. Ce discours n'est pas entendu partout, et n'est pas respecté partout – je pense notamment à certaines municipalités d'extrême droite.

Le discours porté par le ministère préconise qu'il y ait toujours une offre de choix, de telle sorte que l'enfant ne soit pas obligé d'enfreindre une prescription alimentaire. Lorsque nous portons cette position, nous disons que l'école n'offre pas de menus cacher ou halal, mais qu'elle offre un choix entre le poisson et la viande permettant ainsi à l'enfant de ne pas manger de viande si celle-ci n'est pas cacher. Pourquoi est-ce que l'école ne va pas jusqu'à proposer de la nourriture cacher ou halal ? Parce que ce serait, de la part de l'école laïque – c'est-à-dire une école neutre – un encouragement ou une participation à l'observance religieuse. La position de l'école est donc tout à fait fondée et c'est très important aussi par rapport à son éthique historique. Aujourd'hui, l'école n'accueille pas de petits juifs, de petits chrétiens ni de petits musulmans. L'école accueille des enfants, c'est-à-dire des consciences en voie de formation. L'école de la République n'accepte pas que la conscience de l'enfant soit prédéterminée et conditionnée d'avance par le milieu auquel il appartient. Cela ne veut pas dire qu'elle vise à arracher l'enfant à l'influence de son milieu social et familial, mais l'école est ce lieu où l'enfant apprend à faire ses propres choix. Henri Peña-Ruiz a une formule que je trouve très juste. Il s'adresse à l'école et dit que tout enfant, qu'il vienne d'un milieu athée ou d'un milieu croyant, apprend grâce aux outils intellectuels et culturels qu'on lui donne et qui vont lui permettre de « se différencier de sa différence ». Autrement dit, il arrive à l'école avec une différence et une appartenance héritées, puis en ressort quelques années plus tard avec la capacité de faire ses propres choix. Le rôle de l'école est donc d'ouvrir devant lui la connaissance de toutes les visions du monde, en éduquant sa raison, son esprit critique et sa liberté de conscience. C'est ce que dit la *Charte de la laïcité à l'école*. Évidemment, cette capacité à penser par lui-même devra être travaillée et remise sur le métier durant toute son existence.

Q. Dans votre préambule, vous avez parlé de droit mais pas de devoir ?

J'ai beaucoup laissé la notion de devoir dans l'implicite. On ne peut pas parler de tout mais il est important de le mentionner. Quand on veut dire le bien-fondé des règles républicaines – des règles, des principes et des lois républicaines –, il faut absolument mobiliser la notion du devoir parce qu'elle doit arriver en complément de ce que j'ai appelé une « liberté éthique », c'est-à-dire citoyenne, responsable ou altruiste. Le citoyen libre est aussi soucieux de ses devoirs et comprend qu'on peut l'expliquer même à des enfants très jeunes.

La liberté des uns s'arrête là où commence celle des autres. La liberté de l'un ne peut pas empiéter sur la liberté de l'autre. Il y a envers l'autre, qui est mon semblable humain, un devoir de respect, de tolérance, et de compréhension. Aussi, dans la *Charte de la laïcité à l'école*, il est dit qu'un des bénéfices du principe de laïcité est d'être au service d'une culture du respect et de la compréhension de l'autre. Je crois que nous avons tous – et c'est dans ce cadre-là, à mon sens, que s'inscrit la notion de devoir – non seulement un devoir de respect envers l'autre mais également un devoir de compréhension. Voilà jusqu'où doit aller, dans une société éthiquement mûre, la notion de devoir. Pourquoi la compréhension signifie plus que le respect ? Si j'observe seulement un devoir de respect de l'autre, ce devoir de respect peut me laisser dans une pure et simple indifférence. Comme on dit souvent, nous, Français : « Tant qu'il ne m'embête pas, je ne l'embête pas ! »

Est-ce suffisant dans une société multiculturelle ? Est-ce suffisant comme ambition éthique ou bien s'agit-il d'aller jusqu'au devoir de compréhension supposant, au contraire, de ne pas rester dans la tolérance passive mais de s'enquérir de l'autre, de le prendre en considération, d'essayer de se mettre à sa place ? Comment réfléchit-il ? Posons une question très simple : parmi nous, qui a – peut-être pas régulièrement, mais de temps en temps – des discussions à bâtons rompus avec quelqu'un qui ne lui ressemble pas du tout sur le plan des convictions culturelles ? Est-ce que j'ai, si je suis athée, un interlocuteur croyant, est-ce que j'ai, si je suis de droite, un interlocuteur de gauche ? Autrement dit, est-ce que je suis dans cette éthique de la confrontation du dialogue ? Est-ce que je remplis le devoir altruiste d'essayer de me déporter, de me décentrer pour voir comment l'autre pense ?

Q. Revenons à la *Charte de la laïcité à l'école*, qui est appliquée depuis deux ans dans les écoles et qui le sera bientôt dans les caisses d'allocations familiales. Comment agit-elle sur le terrain, comment a-t-elle été accueillie par les élèves et par les enseignants ? Avez-vous formé des enseignants à la présenter et à la propager ?

L'institution Éducation nationale, c'est plusieurs centaines de milliers de fonctionnaires. Il est évident que lorsqu'on promeut une charte comme celle-ci, plus exactement lorsqu'on ré-institue, au-delà de la charte, un enseignement moral et civique, lorsqu'on impulse une remobilisation visant à rendre les corps enseignants plus capables de transmettre les valeurs de citoyenneté, il s'agit d'avoir à la fois de la modestie et de la patience.

Le mot d'ordre dans l'institution, c'est vraiment d'inscrire notre effort dans la durée. Il y a donc eu, après « Charlie » et suite à la grande émotion collective, une énorme mobilisation, une énorme prise de conscience. Je l'ai vu de l'intérieur, et franchement, à ce moment-là j'ai été fier d'appartenir à cette institution, vraiment. On dit toujours dans notre société : « L'école ne fait plus son travail », « L'école, ce n'est plus ce que c'était », etc. On dit, par exemple, que le rôle de l'école, c'est d'apprendre à lire, à écrire et à compter. Je cite le Code de l'éducation : « La mission première de l'école [pas une mission parmi d'autres] est de faire partager aux élèves les valeurs de la République. » C'est-à-dire que la dimension d'instruction civique et d'édification morale de l'école est dans sa constitution même. On a donc fait un énorme effort à la suite des attentats contre *Charlie Hebdo*. La ministre Najat Vallaud-Belkacem nous avait demandé de former 1 000 personnes d'ici à l'été. Je dis « nous » parce que j'ai été une des chevilles ouvrières du projet. Il faut imaginer ça, dans l'institution, des centaines de gens qui se mobilisent pendant des mois et des mois pour remplir l'objectif fixé par la ministre. Comme on dit dans notre jargon, on a donc monté, construit ce qu'on appelle des journées de formation inter-académique. Il faut imaginer des assemblées comme celle-ci former à l'échelle de deux ou trois académies des centaines de responsables, des professeurs, des chefs d'établissement, des conseillers principaux d'éducation, des inspecteurs, tous mobilisés, tous engagés, qui se sont dit : « je veux jouer un rôle dans cette grande mobilisation républicaine ! » Et c'est pour ça que je me suis senti fier, parce que j'ai senti ce sens de la responsabilité, ce sens de l'engagement refaisant surface. L'objectif est, à terme, d'inscrire l'action de ces 1 000 formateurs dans des plans de formation. Ces « plans académiques de formation » vont faire en sorte, sur les années qui viennent, qu'on n'assiste pas simplement au beau feu d'artifice d'une saison ministérielle, mais que quelque chose entre à nouveau dans la culture de l'institution : la capacité à transmettre les valeurs en se servant de la *Charte* et de tous les outils qu'on a créés. Ayons confiance en notre école ! Cela n'empêche pas d'être très critique vis-à-vis d'elle par rapport à ce que certains appellent sa « fabrique des inégalités » (on est d'ailleurs très mal classés par Programme international pour le suivi des acquis de l'élève sur ce plan-là). Mais quand on dit, par exemple, qu'il y a des territoires perdus de la république, l'expression me paraît inutilement alarmiste. Effectivement, certains territoires sont menacés par une grande sécession, mais l'école reste ouverte dans ces endroits-là. Des femmes, des hommes vont se battre au quotidien. Des pères Courage, des mères Courage vont faire leur travail dans l'institution. Alors ayons confiance en notre école, mais donnons-lui le temps, et soyons assurés qu'elle est mobilisée sur la durée.

Q. Votre discours rappelle votre *Lettre ouverte au monde musulman* dans laquelle vous évoquez la notion de logique du cœur. Cette logique rappelle la « raison sensible » de Michel Maffesoli, que vous citez aussi. Vous dites dans cette *Lettre ouverte au monde musulman* : « J'aimerais être, ou en tout cas parler au nom de l'islam ». Je voulais savoir si cette lettre ouverte est restée lettre morte en quelque sorte, ou si au contraire des échanges épistolaires avec les représentants de l'islam se sont engagés ? Vous a-t-on également accordé une fenêtre pour être l'ambassadeur de vos idées? Y aura-t-il une réponse à cette lettre ouverte et de quelle nature sera-t-elle ?

Alors, là on change de sujet, et je change de casquette. Dans ma *Lettre ouverte au monde musulman*, j'ai parlé avec le cœur mais pour une raison très simple, qui peut paraître un peu sentimentale. J'aime l'islam quand il est ce qu'il est capable d'être, c'est-à-dire une grande culture éthique et spirituelle. Par contre, je souffre, d'autant plus que je l'aime, de voir qu'il est aujourd'hui si rarement à la hauteur de lui-même. Qui aime bien châtie bien, *qui bene amat bene castigat*, et je suis sévère dans cette lettre parce qu'il me semble qu'aujourd'hui le monde musulman – et dire « le monde musulman » est évidemment trop général, il y a des situations particulières dont il faut examiner la diversité –, de façon globale, et à mon grand désarroi, est ce que j'appellerai « l'homme malade de la civilisation humaine ». C'est-à-dire qu'il n'y a pas de démocratie, il n'y a pas de partage des richesses. Le degré de confiscation des richesses est absolument éhonté dans un certain nombre de pays musulmans, les schizophrénies sont énormes ! Je pense par exemple à ces pays du Golfe, très modernes sur un certain nombre de plans et n'ayant pas à rougir de la comparaison avec les pays d'occident vouant le même culte à l'argent. Il y a schizophrénie parce que ce modernisme échevelé, qui a parfois de bons côtés, voisine avec un archaïsme religieux. Voilà donc le cadre général de cette lettre.

Eh bien, figurez-vous qu'on me demande souvent : « Est-ce que vous avez été menacé à la suite de l'écriture de cette lettre ? ». Je crois que cela fait partie d'un certain imaginaire autour du monde musulman, même si, dans une certaine mesure, je peux être menacé. Quiconque prendrait la plume pour oser critiquer l'islam et les sociétés du monde musulman serait aussitôt en danger de mort. En réalité, je reçois surtout des témoignages de musulmans qui me disent : « Continuez, on a besoin de gens comme vous, on voudrait que vous soyez plus nombreux, vous dites ce que nous pensons tout bas, vous nous décomplexez ! Et pas à la mode sarkozyste ! ». Je ne l'avais pas réalisé en écrivant la *Lettre* – du moins ce n'était pas clair dans ma tête – mais à la suite de ces réactions, j'ai compris que si beaucoup de musulmans reviennent aujourd'hui vers une religion traditionnelle voire traditionnaliste, c'est parce qu'ils n'ont pas d'alternative. Ils ne trouvent pas dans les discours spirituels imprégnés d'islam la spiritualité que j'évoquais tout à l'heure. Cette spiritualité ouverte, tolérante, généreuse, entrant dans une logique des Droits de l'homme et de la contribution aux questions de société concernant aussi l'islam. Et je me suis rendu compte que certains avaient perçu cette lettre comme ça. Ils s'étaient dit : « Ah ! enfin, je vais pouvoir quitter un certain rapport à la tradition un peu figé, un peu immobilisé, parce qu'enfin j'ai une alternative. On ne me propose pas de jeter le bébé avec l'eau du bain, on ne me propose pas d'abandonner toute ma culture, tous mes héritages, etc. On me permet d'avoir un rapport un peu plus distancié, un peu plus moderne, un peu plus personnel, etc. » Parmi tous les témoignages que je reçois, voici un autre exemple. Après « Charlie », le plus grand éditeur marocain, Abdelkader Retnani – qui est un homme absolument remarquable – a sollicité une trentaine d'intellectuels du Maghreb – pas seulement marocains – et leur a demandé d'exprimer leurs réactions face à « Charlie ». Et il a donné au livre issu de cette contribution collective un très beau titre, il l'a appelé : *Ce qui nous somme*. C'est-à-dire ce qui nous convoque dans cet événement alors même qu'on est de l'autre côté de la Méditerranée et qu'on pourrait se dire justement : je ne suis pas concerné. Je suis musulman, mais ça, c'est de l'islamisme et je n'ai pas à me sentir concerné. Ces intellectuels, et pas seulement des écrivains mais aussi des acteurs engagés de la société civile, ont répondu présent, notamment des femmes issues des nouvelles générations. Des gens de trente, quarante ans ont cité ma *Lettre ouverte au monde musulman* et ont dit : « Voilà la voie dans laquelle nous devons nous engager, parce que cette voie nous permet de trouver un rapport enfin équilibré et distancié à notre tradition. »

Je ne vois donc pas la menace. Je suis toujours évidemment à la merci du fou furieux qui se cherche une cause, ça, je ne peux pas l'empêcher. Je suis encore stupéfait du buzz énorme autour de ma *Lettre* ! Elle a été lue jusqu'en Malaisie et a été traduite tout de suite dans je ne sais combien de langues ! Pour moi, c'est considérable ! Alors, on ne sait jamais ce qui peut arriver, mais ce qui me rend malgré tout optimiste – peut-être pas à court terme mais à moyen terme –, c'est qu'on peut aussi avoir de bonnes surprises du côté de l'islam et des musulmans. Derrière les fous furieux qui nous inquiètent et qui sont légion, une culture musulmane commence à travailler sur elle-même de façon critique et créatrice.

Q. Edwy Plenel explique que la loi de 2004 dans les établissements publics était une loi scélérate. Quel est votre avis sur cette loi d'interdiction des signes ostensibles dans l'espace public ? Que pensez-vous de la remise en question par cette extrême gauche libertaire d'une loi qui, somme toute, permet aussi la construction des consciences à l'école publique ?

Nous, Français, ne sommes pas engagés dans un processus fatal nous conduisant à nous entre-déchirer en espérant que ce moment de guerre civile soit une crise salvatrice. Non, je crois qu'il est encore temps de réagir collectivement, et je ne suis pas un distributeur d'idéalisme ou d'espoir à bon compte. Dans chacun de mes engagements, j'essaie d'appeler à la responsabilité collective parce que je crois en sa force. C'est le premier point. Ensuite, au sujet d'Edwy Plenel, je vais simplement dire que je ne suis pas d'accord avec lui, je ne pense pas que ce soit une loi scélérate. Il me semble que c'est une loi qui vise tout d'abord à interdire ce que l'on appelle les signes ostentatoires ou ostensibles. Et lorsqu'on a affaire à de l'ostentatoire ou de l'ostensible, on n'a pas affaire à du visible. La nuance est d'importance. On a affaire à du démonstratif.

Or, l'école n'est pas le lieu pour faire une publicité idéologique. L'école, en raison déjà de la neutralité des professeurs, est un lieu dans lequel l'enfant doit avoir la garantie que plus qu'ailleurs, plus que dans tous les autres espaces sociaux, il est mis à l'abri du prosélytisme. Songez à la valeur républicaine de l'école, c'est-à-dire à son caractère d'exception dans nos espaces publics, pour nos enfants. Quand notre enfant entre à l'école de la République, il a la garantie de trouver en face de lui des professeurs aux savoirs certifiés, ayant eux-mêmes une déontologie leur interdisant d'exprimer leurs convictions personnelles dans l'exercice de leurs fonctions. Où, ailleurs dans la société, l'enfant trouve-t-il cette sécurité idéologique ? Partout, à la télévision, sur Internet, dans la rue, l'enfant est bombardé en permanence de publicités idéologiques : crois en ceci, fais ceci parce que c'est bien, habille-toi comme cela, adhère à telle ou telle mode, à telle ou telle idéologie, etc. Je crois donc qu'au moment où certains lancent de grandes accusations contre l'école, il serait nécessaire de réfléchir à cette exception, au caractère exceptionnel de l'école.

Cela ne signifie pas qu'elle doit être une forteresse contre la société, mais il ne faut pas oublier cette chose très importante : l'école, c'est le lieu de l'émancipation. Il faut être capable de le dire collectivement. L'école n'a pas à recevoir des enfants dont l'identité serait déjà déterminée. Et de ce point de vue-là, je trouve aujourd'hui inquiétante l'ouverture d'écoles confessionnelles n'étant pas sous contrat. Dans ces écoles, on se regroupe de façon communautaire ou communautariste, uniquement avec les gens qui partagent notre religion. Ceci est très éloigné de mon idéal de société française. S'il n'apprend à grandir qu'avec des enfants de même confession ; s'il n'apprend pas, concrètement et au quotidien, à fraterniser avec celui qui est différent, à le côtoyer, à le considérer comme un humain et même comme son ami au-delà des frontières culturelles, comment voulez-vous qu'une fois grand, l'enfant puisse se diriger, sans aucun a priori et avec facilité, vers cet autre qui ne lui ressemble pas ? Ce sera difficile, ce sera même impossible. Je ne suis donc pas favorable à l'ouverture de ces écoles confessionnelles, à moins que les programmes soient contrôlés par l'Éducation nationale. De la même façon, quand certains réclament l'ouverture ou l'agrandissement d'un carré musulman, je dis que personnellement, je préfère que les morts soient les uns avec les autres, sans séparation confessionnelle. Je suis de culture musulmane, je veux être enterré avec tout le monde, avec tous mes frères humains. Dans l'espace restreint de leurs petites existences, certains ne veulent vivre qu'avec leurs semblables. Mais comment imaginer ensuite retrouver ce même cercle communautaire dans l'au-delà, et pour l'éternité ?

Q. Vous nous avez invité au discernement. Je pense qu'aujourd'hui, ce qui rend la tâche des professeurs très difficile, c'est qu'ils rencontrent des élèves qui, de plus en plus tôt, se construisent contre les valeurs de la République. Je voulais souligner également – c'est peut-être une forme d'hypocrisie dans notre société puisque vous parliez d'écoles confessionnelles hors contrat –, que la République met également en place des écoles particulières, des classes et des établissements ethniques contredisant tout discours et toute ambition de fraternité et d'égalité. Que pensez-vous de ces établissements ethniques ? Êtes-vous êtes d'accord – et monsieur le président du Conseil départemental peut aussi se prononcer là-dessus – avec l'existence de ces établissements ?

Alors, je suis d'accord et pas d'accord avec vous. Je ne suis pas d'accord pour dire que l'école fabrique des établissements ethniques mais je suis d'accord que nous laissons faire. Nous laissons s'installer des situations dans lesquelles, vous avez tout à fait raison, nous ne pourrons plus parler de liberté, d'égalité et de fraternité. Cela aboutit à deux résultats. Le premier, c'est qu'on envoie des don Quichotte au casse-pipe, parce qu'ils se retrouvent dans des milieux où il n'y a plus du tout de mixité sociale.

Cette absence de mixité sociale et culturelle est un véritable terreau pour le néo-conservatisme et le traditionalisme. Le deuxième, c'est que dans ces zones de ghetto où l'individu cultive le sentiment d'être ségrégué, la promesse républicaine passe pour ce que vous avez appelé une belle hypocrisie. Cela nous aide à mesurer l'ampleur de la tâche et à réaliser que notre effort ne doit pas être hémiplégique. Pour être efficace, notre discours ne peut pas porter que sur les valeurs. Dans certaines zones, ces valeurs ne sont plus la réalité des gens, il n'y a plus de sentiment d'appartenance à la société, plus de mixité sociale, plus de fraternité ou de solidarité sociale parce que les taux de chômage se sont envolés. Quand je circule en France dans ces zones, on me dit souvent – en général c'est un professeur qui lève la main – : « Vous savez quoi, monsieur ? Dans ma classe, il n'y a plus que des noms musulmans. » Il ne me dit pas cela parce qu'il est raciste ou qu'il ne supporte pas les musulmans. Il est juste en train de constater une situation qu'on a laissé gangrener, il pointe juste du doigt ces endroits où il n'y a plus de mixité ethnique ou culturelle. Et à partir de là, nos beaux discours sur la fraternité, l'égalité, etc. deviennent justement « de beaux discours ». Ils sont en telle inadéquation avec la réalité sociale de certaines zones qu'ils n'ont plus aucune chance d'être entendus. Comme vous dites, les enfants se sont construits contre les valeurs. Ce n'est pas la faute de l'école, l'école hérite d'une situation, elle est souvent seule dans ces territoires, je le disais plus haut. C'est pour cela que je dis que nous ne devons pas porter un discours hémiplégique ou une parole sans les actes. En l'occurrence, agir, c'est lutter à la fois pour la promotion des valeurs et pour le rétablissement d'une égalité réelle et d'une mixité sociale. C'est souvent ce qui manque aux discours républicains, aux discours des « faux » républicains. Ces discours apparaissent comme de grandes déclarations déconnectées de la réalité parce qu'ils vantent des valeurs dont les individus ne voient pas l'existence ou le bénéfice dans leur vie réelle. En même temps, on ne peut pas non plus porter un discours qui dirait : il faut arrêter de parler des problèmes de religion, de culture, le problème est en réalité socio-économique.

Le problème de notre situation actuelle, c'est que les deux plans conjuguent les difficultés qu'ils nous opposent. Nous avons des difficultés sur le plan socio-économique avec la création de zones de ghettos, et nous avons une difficulté par rapport aux discours de radicalité – sans même parler d'une radicalité djihadiste ou terroriste, parce qu'heureusement, cela reste quand même marginal. Néanmoins, le problème, c'est ce néo-conservatisme intransigeant – qui a une vision et qui est nourri par ce qu'Olivier Roy appelle la « Sainte Ignorance » –, ce rapport hyper-basique au religieux. C'est un religieux qui considère mordicus que la loi de Dieu, c'est la loi de Dieu, et qu'on ne peut pas rentrer dans une logique de négociation. Il fige le religieux dans quelque chose de très binaire, manichéen : bien ou mal, noir ou blanc, *halal* ou *haram*. Autrement dit, c'est sans aucune intelligence : c'est permis ou c'est interdit. C'est une espèce de sous-culture religieuse, sans aucune intelligence de l'application des préceptes de la religion, sans aucune recherche d'une authentique adaptation de ces préceptes à des contextes. Et tant que nous laisserons aussi se développer cela, tant que l'école montera au front en portant les valeurs républicaines alors qu'elle fait l'inverse dans des zones socialement sinistrées, nous échouerons.

Q. L'islam, c'est une religion d'humanité. Il y a peut-être des musulmans malades, mais dire que l'islam est malade, non. L'islam a toujours prôné le droit de l'homme, le droit de la femme, et j'ai grandi avec des valeurs d'humanité, d'amour, non seulement envers mes compatriotes musulmans mais aussi envers mes frères en humanité. En effet, la laïcité existe dans l'islam depuis 1 400 ans, voire plus. Le Coran dit bien qu'il n'y a pas ce fossé entre le croyant et l'incroyant. Au contraire, il y a toujours eu une place pour le chrétien, le juif ou l'incroyant. Quant à la laïcité, elle divise l'Église et l'État, et donc, à chacun son organisation : le judaïsme a son organisation, le christianisme a son organisation, l'islam a son organisation. La laïcité prône la neutralité de l'État, elle ne prône pas la neutralité de l'individu. La laïcité, si l'on prend en compte sa vraie définition assure le vivre ensemble. Si l'on en reste à la question du vêtement, comment fait-on ? Si l'on demande aux musulmans de faire des efforts pour ressembler exactement aux autres, on entre dans un autre dogme : ce n'est plus de la laïcité. On réduit la définition de la laïcité, celle de l'État, de la neutralité, on perd l'amplitude de la laïcité.

Alors, par où commencer ? La laïcité existe dans l'islam depuis 1 400 ans. Tout existe dans l'islam depuis 1 400 ans, mais dans combien de pays musulmans existe la laïcité aujourd'hui ?

Dans combien de sociétés du monde arabo-musulman y a-t-il aujourd'hui une laïcité et une véritable séparation des pouvoirs entre le politique et le religieux ?

Je suis d'accord avec vous pour dire qu'il y a dans l'islam – parce que l'islam, comme tout le reste dans le monde humain, n'existe pas en dehors des individus – et chez un certain nombre de musulmans, en France ou ailleurs, des attitudes de tolérance, de paix, etc. L'occident n'a pas le monopole de l'humanisme. Dans chacun de mes livres, il y a la mise en valeur d'un humanisme musulman. Ce n'est donc pas à moi que vous allez apprendre qu'il existe dans l'islam de grandes valeurs humanistes. Elles ont même une contribution à apporter à un autre humanisme occidental moderne. Bon, cela ne m'empêche pas de faire la part des choses, parce que je suis un philosophe, et que le philosophe c'est celui qui voit des problèmes là où d'autres voient des évidences. Ceci est une définition de Bertrand Russell. Mais peu importe, en tant que philosophe, j'estime que ma responsabilité est d'être critique par rapport à une civilisation, et par rapport à des consciences musulmanes qui ont perdu à peu près toute capacité d'autocritique. J'aimerais que dans votre discours, chaque phrase se termine moins vite. Chaque fois que vous dites – et là, cela manifesterait à la fois votre attachement à l'islam et cette capacité d'autocritique dont l'islam a besoin pour se régénérer et pour gagner le respect de tous – : « L'islam est une grande civilisation humaniste », j'aimerais que vous finissez par une virgule, et non pas un point. « L'islam est une grande civilisation humaniste, virgule, mais aujourd'hui il ne donne pas suffisamment le visage et l'expression de cet humanisme. » Voilà, à mon sens, le meilleur service que l'on puisse rendre aujourd'hui à la culture musulmane. Et moi j'ai l'impression qu'en étant sévère et exigeant avec l'islam, je lui rends service, au contraire de tous ceux qui disent : « Tout va bien, l'islam est une religion de paix, point. L'islam est une religion de tolérance, point. » Aussi longtemps que nous nierons l'évidence des graves maladies qui nous gangrènent, nous ne gagnerons pas le respect du reste de la civilisation mondiale. Dans une civilisation mondialisée, nous avons à gagner le respect de l'autre, et l'une des meilleures façons de le faire – que ce soit sur le plan du dialogue entre les civilisations ou sur le plan de la relation interpersonnelle –, c'est de savoir reconnaître ses fautes et ses défauts, d'avoir l'humilité de reconnaître qu'on n'est pas toujours à la hauteur de soi-même et de ses principes. Ma fonction de philosophe, c'est de dire à l'islam qu'il n'est pas toujours à la hauteur de ses principes.

Q. Je voudrais revenir sur la notion de liberté citoyenne que vous avez opposée à celle de liberté individualiste, d'individualisme contemporain et religieux. Dans toutes les religions, les gens ont l'impression qu'une main divine agit en leur faveur. Le philosophe Samaris parle d'un narcissisme absolu et moralement répréhensible car issu d'un manque volontaire de réflexion ou de compassion, d'empathie, de fraternité. Pouvez-vous commenter ?

Franchement, je trouve cela un peu général, et je sens qu'il y a là un parti pris de compréhension de ce que peut signifier Dieu personnel et relation personnelle à Dieu. On peut dire que cela cultive chez l'être humain un certain narcissisme, un certain souci de soi parce que « mon Dieu s'est intéressé à moi, s'est adressé à moi ». Il me semble que c'est quelque chose qui peut guetter, effectivement, la relation que l'on entretient avec un Dieu personnel. Mais je ne pense pas que cela épuise le phénomène de la relation à un Dieu personnel. Et là, je vous répondrai en allant chercher justement du côté de l'islam. Je trouve très beau, et très profond, le fait que l'islam insiste beaucoup, d'un point de vue théologique, sur l'idée que Dieu est unique. L'islam n'a pas le monopole de cette glorification, de cette insistance sur l'unicité de Dieu, mais c'est quelque chose qui est particulièrement important dans la représentation du Dieu en islam. Il est unique. Cela signifie – et c'est ce qui me touche beaucoup – que l'on a du côté de Dieu la même revendication que du côté de l'être humain. Mais pas du tout dans un sens négatif et narcissique. Dans le sens de notre aspiration la plus fondamentale : celle à être considéré comme quelqu'un d'unique ; et l'ambition spirituelle de cultiver notre propre unicité, notre propre singularité. Je crois d'ailleurs qu'il y a là un objectif qui doit être celui de nos sociétés tout entières : permettre à chacun de devenir unique, non pas pour le mettre sur un piédestal ou en faire une idole, mais pour donner à chacun les moyens, sans sacrifier personne, de cultiver sa singularité la plus profonde. En ce sens-là, je pense qu'il y a dans l'idée de Dieu et dans l'idéal de l'homme quelque chose de semblable, mais je ne le perçois pas de façon négative, au contraire. Comme dans le miroir de Dieu, quelque chose nous parle de notre aspiration humaine la plus fondamentale et la plus légitime.

Pour plus de renseignements
Éditions Privat
05 61 33 77 00
info@editions-privat.com
www.editions-privat.com

Saisie : ASI Concept, Colomiers (31).

Cet ouvrage a été achevé d'imprimer
en avril 2016 sur les presses de l'imprimerie
France Quercy, à Mercuès (46).
Imprimé en France.

Über dieses Buch

Fritz Reuters Kindheit war nachhaltig geprägt worden von der »Franzosenzeit«, als die napoleonischen Wirren ihrem Ende zugingen. Sein erster autobiographischer Roman ist ohne diesen Hintergrund nicht denkbar, auch wenn darin der Schrecken gewichen ist und das Heiter-Kuriose sich in den Vordergrund spielt, in zahlreichen lustigen Episoden, die vor allem den Honoratioren des verschlafenen mecklenburgischen Städtchens Stavenhagen gelten, wie Reuter sie in der bezaubernd biedermeierlichen Kleinstadt-Idylle ›Meine Vaterstadt Stavenhagen‹ verewigte.
Im Kampf gegen die napoleonische Unterdrückung war unter vielen jungen Deutschen das Ideal von nationaler Einheit und Freiheit herangereift, das die burschenschaftliche Bewegung Anfang der dreißiger Jahre beflügelte. Reuter hatte während seiner Studentenzeit daran teilgenommen und wurde, ohne zu den aktiven Anführern zu zählen, 1833 als »Demagoge« verhaftet: Sieben Jahre Festungshaft lieferten den Stoff zu dem ein Vierteljahrhundert später niedergeschriebenen romanhaften Bericht ›Aus meiner Festungszeit‹, der – überstrahlt von Reuters unbezähmbarer Lust an heiter-burlesken Szenen – sein persönlichstes Buch wurde und auch dem harten Festungsleben in quälenden Eindrücken aufgestauten Hasses Raum gibt.
Fritz Reuter, der große niederdeutsche Mundartdichter, der ohne die Übertragung seiner Werke ins Hochdeutsche vergessen zu werden droht, verfügte über eine eindringliche, fast magische erzählerische Präsenz, die in unverfälschter Volkstümlichkeit das Ernste mit dem Humorvollen zu verbinden verstand – Humor, wie Jean Paul ihn verstand: Das sind die »Himmelfahrten der bedrängten Seele«.

